Würzburg

Perspektiven einer Stadt

Impressum:

2. überarbeitete Auflage 1996

Idee und Konzeption: Elmar Hahn, Klaus Schinagl
Fotografie: Elmar Hahn, Veitshöchheim
Texte: Dr. Peter Schreiber, Würzburg
Gestaltung: Design by Schinagl, Veitshöchheim
Litho: Bundschuh & Wehner sowie Offsetreproduktion Held, beide Würzburg
Gesamtherstellung: Grafischer Betrieb Bonitas-Bauer, Würzburg

Printed in Germany – Imprimé en Allemagne

ISBN 3-9802214-2-3

Würzburg

Perspektiven einer Stadt

Fotografie: Elmar Hahn
Text: Peter Schreiber
Gestaltung: Klaus Schinagl

elmar hahn verlag

Schöne, prächtige Stadt

Diese knappe Beschreibung Würzburgs durch zwei inhaltsschwere Eigenschaftswörter ist nicht Willkür oder Erfindung. Sie ist eine Äußerung Wolfgang Amadeus Mozarts, der hier, ein Jahr vor seinem Tod, auf der Reise von Wien zur Kaiserkrönung nach Frankfurt, seinen „teuern Magen“ mit Kaffee stärkte. Sein Aufenthalt in der Stadt am Main war nur kurz, und dennoch erfaßte er, gleichsam in den Augenblicken der Rast, während die Pferde gewechselt wurden, intuitiv die Atmosphäre der „Herbipolis“ und teilte diesen Eindruck 1790 in einem Brief seiner Frau Constanze mit.

„Herbipolis“, das heißt „Kräuterstadt“, hergeleitet aus der Annahme, „Würz“ müsse primär etwas mit Gewürzen zu tun gehabt haben, so daß dann ein lateinisch-griechisches Zwitterwort entstand, zusammengefügt aus Herba (Kraut) und Polis (Stadtstaat). Sebastian Münster hat „Wirtzburg“ unter diesem Namen 1548 in seine berühmte Kosmographie aufgenommen. Neunzehn Jahre später schrieb er dann: „das gemein volck gibt sich auff den weinbaw, welcher an dem ort überflüssig wachsst.“

Aber freilich haben Dichter, Denker, Künstler und Gelehrte die Stadt noch in vielfältig anderer Weise beschrieben und ihr gehuldigt. Gottfried von Viterbo sah sie schon im 12. Jahrhundert daliegen „wie ein irdisches Paradies“. Konrad von Würzburg dichtete im 13. Jahrhundert: „Mit richer kunst erbuwen wol, Eren und guotes ist die vol.“ Heinrich von Kleist, Johann Wolfgang von Goethe, Richard Wagner, Felix Dahn, Wilhelm von Scholz, Rudolf G. Binding, Gertrud von le Fort – sie und viele andere hatten eine besondere Beziehung zu Würzburg und verliehen ihr Ausdruck. Der Würzburger Lyriker Max Dauthendey vermerkte 1912: „Als Professor Röntgen hier

im physikalischen Institut die X-Strahlen entdeckte und ein neues, den Menschenkörper durchdringendes Licht den Augen sichtbar machte, war ich noch ein junger Mann, und ich sagte mir später oftmals: Nur in Würzburg konnten die X-Strahlen entdeckt werden, nur hier kommt geheimes Licht den Menschen so nah wie selten auf einem Punkt der Erde." Und Hermann Hesse bekannte 1930: „Wenn ich ein zukünftiger Dichter und gerade mit der Wahl meines Geburtsortes beschäftigt wäre, dann würde ich Würzburg sehr mit in Erwägung ziehen."

Es ist gewiß kein Zufall, daß die charakteristische Eigenart Würzburgs immer wieder Anlaß zu künstlerischer und wissenschaftlicher Kreativität gab und gibt. Das soll nicht heißen, daß die Stadt als Gemeinwesen fehlerfrei und ohne Schattenseiten ist. Ihre Lage jedoch, ihre schon südlich heitere Anmut, eingebettet in das Flußtal des Mains und von Weinbergen umgeben, läßt nicht erst durch den Anblick der sie krönenden Festung und der Silhouette ihrer Türme ein Gefühl besonderer Urbanität aufkommen.

Wer zu schauen vermag, wird dem Unverwechselbaren bald auf die Spur kommen. Das ist das Anliegen dieses Buches; es will das Unverwechselbare sichtbar machen.

Dem, der die Herbipolis durchstreift, wird freilich der Kontrast zwischen alt und neu, werden auch Diskrepanzen zwischen Vergangenheit und Gegenwart im kräftigen Pulsschlag ihres quicklebendigen Lebens nicht verborgen bleiben. Immer aber wird sich, nicht nur im Hinblick auf historische Akzente, bewahrheiten, daß Wolfgang Amadeus Mozart mit seiner Aussage nicht falsch lag und daß Würzburg eine schöne, prächtige Stadt ist.

Daten zur Geschichte

Um 1000 v. Chr. besteht auf der linksmainischen Berghöhe über dem Fluß eine keltische Fliehburg

Um 500 v. Chr. wird auf dem Berg ein Fürstensitz, an seinem Fuß ein Fischerdorf angenommen

Um 100 v. Chr. bemächtigen sich die Germanen des Landes

Um 450 v. Chr. wird Würzburg als „Uburzis", Stadt der Alemannen, erwähnt

Um 650 ist rechtsmainisch ein fränkischer Herzogsitz anzutreffen

689 setzt mit dem Martyrium der irischen Missionare Kilian, Kolonat und Totnan die Christianisierung Frankens ein

704 wird das „Castellum Virteburch" erstmals urkundlich erwähnt

706 die erste Kirche auf der „Würzburg", dem heutigen Marienberg, geweiht

742 gründet der hl. Bonifatius das Bistum, der hl. Burkard wird erster Bischof

752 Auffindung des Kiliansgrabes am Platz des heutigen Neumünsters

788 Weihe des ersten Dombaues in Gegenwart Karls des Großen

1030 Verleihung des Münz-, Zoll- und Marktrechtes; die Stadt des Königs wird Stadt des Bischofs

1133 erste steinerne Brücke über den Main

1156 Kaiser Friedrich I. Barbarossa heiratet in Würzburg seine zweite Frau, Beatrix von Burgund, und bestätigt

1168 dem Bischof auf dem Würzburger Reichstag die fränkische Herzogswürde

1201 wird auf dem Marienberg die Burg gegründet; Würzburg hat etwa 5000 Einwohner; um

1230 wird Walther von der Vogelweide im Lusamgärtlein des Neumünsterstifts begraben

1253 verlegt Bischof Lobdeburg seine Residenz aus der Stadt auf die Burg

1256 gibt es einen gewählten Stadtrat und einen Bürgermeister

1262 Albertus Magnus weilt in Würzburg

1287 Deutsches Nationalkonzil im Dom

1316 kauft die Stadt den „Grafeneckart" – Bau als Rathaus

1319 Reiche Bürger stiften das Spital zum Heiligen Geist

1348 Judenpogrom auf dem späteren Marktplatz

1397 König Wenzel der Faule verspricht der Stadt die Reichsfreiheit, widerruft jedoch bald wieder

1402 – 1413 Erste Würzburger Universität

1483 Tilman Riemenschneider kommt nach Würzburg

Panorama von Südwesten, um 1845.

1518 Martin Luther in Würzburg

1531 Tod Tilman Riemenschneiders

1576 Fürstbischof Julius Echter von Mespelbrunn gründet das Juliusspital und

1582 die Julius-Universität

1631 – 1634 besetzen die Schweden unter König Gustav Adolf die Stadt und den Marienberg

1711 Balthasar Neumann kommt nach Würzburg, ab

1719 residieren die Fürstbischöfe wieder in der Stadt

1720 Grundsteinlegung der Residenz

1745 Kaiserin Maria Theresia in Würzburg

1753 Tod Balthasar Neumanns

1796 Erzherzog Karl von Österreich besiegt die französischen Revolutionstruppen unter Jourdan in der Schlacht bei Würzburg

1802 Auflösung des Hochstifts durch die Säkularisation; Würzburg wird bayerisch

1805 müssen Stadt und Fürstentum Franken an Ferdinand von Toscana abgetreten werden

1814 Endgültige Eingliederung nach Bayern

1815 – 1825 residiert König Ludwig I. als Kronprinz in Würzburg, um

1830 hat Würzburg etwa 22.000 Einwohner

1833 weilt Richard Wagner als Chor-Repetitor am Würzburger Theater; er komponiert seine erste Oper „Die Feen“

1841 wird die Mainschiffahrt ins Leben gerufen

1854 erfolgt der Anschluß an das Eisenbahnnetz

1860 hat Würzburg etwa 33.000 Einwohner

1866 wird die Festung im preußisch-österreichischen Krieg beschossen

1867 verliert die Stadt ihre Festungseigenschaft

1895 entdeckt Röntgen hier die nach ihm benannten Strahlen (Nobelpreis 1901)

1900 hat Würzburg etwa 75.000 Einwohner

1922 Erstes Mozartfest Würzburg

1934 Würzburg hat 100.000 Einwohner

1945 wird die Stadt am 16. März innerhalb von 17 Minuten durch einen Luftangriff der Royal Airforce zu 82% zerstört

1965 Beginn des Baus der Stadtrand-Universität

1995 Würzburg hat 129.000 Einwohner und 25.000 Studenten.

Eröffnung des Siebold-Museums, das dem Wirken des Würzburger Arztes und Japanforschers Philipp Franz von Siebold gewidmet ist

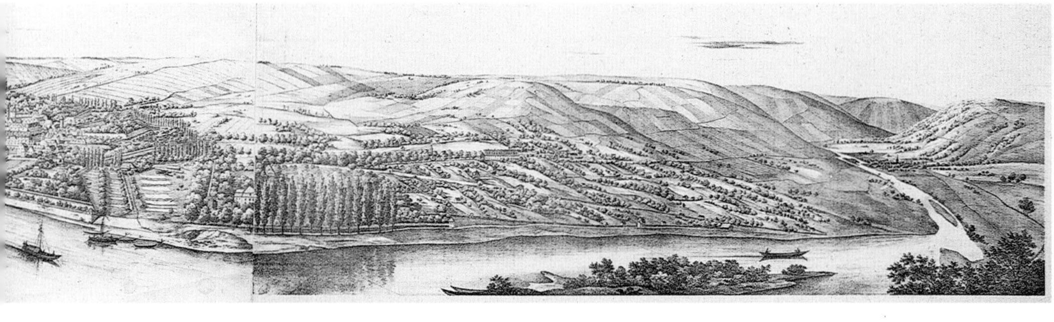

Die Burg auf dem Berg

Hoch über dem Main und der Burkarder Kirche liegt die Festung Marienberg. Unten im Fluß, der sich wie ein Mäanderband durch die Weinberge schlängelt, dümpeln Boote. Und die Rebstöcke, die, akkurat ausgerichtet, vom Schloßberg Besitz ergriffen haben, saugen die Wärme und das Licht auf, das die Mittagssonne über den Hang zwischen der Burg und der 1200 Jahre alten Kirche breitet. Hier, auf dem in beherrschender Lage über einer günstigen Furt liegenden Berg, begann die Geschichte der Stadt. Scherben- und Gräberfunde aus tausendjähriger Vorzeit ließen einen Ringwall vermuten. Die Germanen kamen, die Franken und schließlich die iroschottischen Wandermönche Kilian, Kolonat und Totnan, deren Märtyrertod das Christentum nur um so fester Wurzeln schlagen ließ. Zu Ehren der Jungfrau Maria wurde auf dem Berg das heute älteste dort existierende Baudenkmal errichtet und geweiht. Der in den Anfang des siebenten Jahrhunderts zurückreichende Rundbau der Marienkirche. Zusammen mit Bergfried, Marienturm und Randersackerer- oder Sonnenturm und dem seit der Schwedenzeit bis in die dreißiger Jahre vermauerten Brunnentempelchen – mehr vermag der Blick nicht zu fassen – bildet er ein Ensemble von eindrucksvollem Reiz.

Konrad von Querfurt war es, der den Marienberg am Anfang des dreizehnten Jahrhunderts zu befestigen begann. Der runde, mittlere Turm, der Bergfried, stammt aus dieser Zeit, auch der Vorgängerbau des von einer modernen, vergoldeten Figur seines Namensgebers bekrönte Kiliansturm und der von dem bereits erwähnten, hübschen Renaissancetempelchen im inneren Burghof überdachte Tiefe Brunnen, der bis unter den Main hinabreicht.

Die „Burg der heiligen Jungfrau Maria" diente den Bischöfen bereits im Mittelalter als zeitweilige Residenz, und die Bischöfe waren es auch, die kontinuierlich für den weiteren Auf- und Ausbau der Befestigungen sorgten. Rudolf II. von Scherenberg, der, im zehnten Lebensjahrzehnt stehend, 1495 auf eine fast dreißigjährige Amtszeit zurückblikken konnte, ließ die Wehranlagen verbessern, das Haupttor erneuern und den von seinem Vorgänger Otto von Wolfskeel angelegten Mauerbering verstärken. Schon 1493 beschrieb der Nürnberger Arzt und Humanist Hartmut Schedel die Burg in seiner berühmten Weltchronik.

Vergeblich rannten die Bauern in ihrem Krieg wider die etablierte Macht gegen die Festung an. In Würzburg obsiegten die Truppen des Fürstbischofs, wurde Tilman Riemenschneider, Steinbildhauer, Holzschnitzer und zeitweilig auch Bürgermeister der Stadt, der es – eher unbeabsichtigt – mit dem rebellierenden Volk gehalten hatte, in den Randersackerer Turm der Festung geworfen und gefoltert.

So, wie sich die Festung heute präsentiert, zeigt sie überwiegend das Bild, das ihr der Fürstbischof und Gegenreformator Julius Echter von Mespelbrunn in den Jahren 1573 – 1617 im Stil der Renaissance aufprägte, den man in des Bischofs ureigenster Art hierzulande auch den Echter-Stil nennt.

Und was den Bauern 1525 nicht gelang, das schafften 1631, von unachtsamen Verteidigern geradezu herausgefordert, die Heerhaufen Gustav Adolfs von Schweden. Der Zufall war ihnen günstig. Sie nahmen die Festung ein und plünderten im Siegesrausch nach Herzenslust. Und so wanderte manches bibliophile Kunstwerk aus der Schatzkammer des Fürstbischofs nach Uppsala und verblieb dort bis auf den heutigen Tag. Noch heute fällt im Schatten des Randersackerer Turms eine kleine, reizvolle Erkergalerie aus der Echterzeit auf, die die Verbindung von der ehemaligen Bibliothek zu den seinerzeit sogenannten Kaiserzimmern herstellte. Pendant dazu, an der nördlichen Hoffront im Schatten des Marienturmes, ist die 1511 entstandene Bibratreppe (benannt nach dem Fürstbischof Lorenz von Bibra), eine Wendeltreppe, die den Zugang zu allen Stockwerken eröffnete und sich im

Festung Marienberg.
Vorangegangene Seiten: Der Maschikuli-Turm.
Links: Blick von Nordosten.
Folgende Seiten: Kiliansturm.

Turminneren um eine hohle Spindel mit drei Säulen windet.

In der Zeit des Barock und des nachfolgenden Rokoko wurde der Fürstengarten angelegt, und bis 1712 entstand neben einem neuen Zeughaus auch der von Andreas Müller, dem Lehrer Balthasar Neumanns, entworfene „Kommandantenbau", in dessen Winkel sich heute der Eingang zum Mainfränkischen Museum befindet. Die Fassaden von Zeughaus und Kommandantenbau wurden 1989 restauriert.

1719 verlegten die Fürstbischöfe ihre Residenz vom Marienberg in die Stadt, zunächst in das Rosenbachpalais. Sie mußten freilich noch länger als ein Jahrzehnt warten, ehe sie in dem dann noch lange nicht fertiggestellten Residenzbau regieren konnten.

Die Festung wurde Kaserne und Arsenal. Im äußeren Leistengrund baute Balthasar Neumann 1724 den „Maschikuliturm", dessen Name von seinen Guß- und Schießlöchern herrührt. Pechnasen also, die im Französischen „machicoulis" heißen.

Auf die Wirren der Französischen Revolution folgte die Auflösung des Hochstiftes durch den Reichsdeputationshauptschluß von 1803. Das Bollwerk verlor immer mehr an strategischer Bedeutung; die Festungseigenschaft wurde aufgehoben, doch waren 1870/71 noch 1800 französische Kriegsgefangene in den Räumen der Burg untergebracht.

Nach dem Zweiten Weltkrieg begann die Anlage zu verfallen. Sie diente als Notquartier. Eine großzügige Instandsetzung in den dreißiger Jahren wurde durch den verheerenden Luftangriff der Royal Airforce auf Würzburg im März 1945 jäh zunichte gemacht. Wiederauf- und -ausbau zogen sich bis in die jüngste Gegenwart hin. Allein für die Baustabilisierung der Bastionen wurden mehr als 40 Millionen Mark veranschlagt.

Festung Marienberg. Links: Gotisches Scherenbergtor. Unten: Blick in den Rundbau der Marienkirche. Folgende Seiten: Marienkirche und Randersackerer Turm.

Meister Til und vieles mehr

Das Mainfränkische Museum der Stadt Würzburg in der Festung Marienberg gehört zu den eindrucksvollsten seiner Art. Wie sein Name bereits ausdrückt, bewahrt es vor allem in Jahrhunderten hervorgebrachte Schätze, aber auch heimatloses Kulturgut des fränkischen Raumes. Seine Sammlungen, nicht zuletzt durch überregionale Ausstellungen und interessante Sonderschauen ergänzt, haben internationalen Rang und sind weit über die Grenzen Frankens, Bayerns und der Bundesrepublik Deutschland hinaus renommiert.

Pläne zur Errichtung eines großen Museums in der Stadt bestanden bereits seit 1889, doch erst 1913 konnte ein Haus mit dem Namen „Fränkisches Luitpold-Museum" eröffnet werden. 1938/39 wurde dann zusätzlich eine stadt- und festungsgeschichtliche Sammlung im Fürstenbau der Festung Marienberg eingerichtet. 1945 wurde das Luitpold-Museum fast vollständig zerstört und büßte mehr als die Hälfte seiner Bestände ein. Erhaltenes und Beschädigtes mußte aus Trümmern geborgen, Ausgelagertes zurückgeholt werden. Es war ein mutiger Entschluß, dem Museum im Neuen Zeughaus und in der Echterbastei der Festung Marienberg ein neues Heim zu geben.

Herzstücke des Museums, das heute pro Jahr im Durchschnitt eine Viertelmillion Besucher zählt, sind die Werke Meister Tils im Riemenschneidersaal, darunter auch die

Links: Trauernde Maria, Tilman Riemenschneider, um 1515. Unten: Riemenschneider-Grabstein vom Domleichhof.

Originale der Sandsteinplastiken von Adam und Eva (Kopien am Südportal der Marienkapelle am Markt) von Tilman Riemenschneider (1492/93).

trauernde Maria von Acholshausen, die ihre bei allem verhaltenen Schmerz würdevoll bewahrte Fassung geradezu körperlich spürbar auf den Betrachter überträgt. Als das Museum im Jahr 1981 Frühwerke des Würzburger Bildschnitzers und Steinbildhauers ausstellte, darunter Leihgaben aus Berlin, Köln, München, Wien, Graz, Zürich, Paris, Amsterdam, Cleveland und New York, waren es über 200.000 Besucher, die die Werke des letzten großen Holzschnitzers der Spätgotik sehen wollten. Aus Heiligenstadt im Eichsfeld war er, Tilman, geboren um 1460, Sohn eines Kupferschmiedes und Münzmeisters, zum ersten Mal zu seinem Oheim nach Würzburg gekommen, wo er sich nach Ausbildung und Wanderschaft als Geselle und schließlich als Meister niederließ, drei seiner vier Ehefrauen überlebte und, nach arbeitsamem Leben – erst geachtet und dann geächtet – 1531 starb und vergessen wurde bis zu dem Tag, an dem man 1822 auf dem Domleichhof seinen Grabstein fand.

Die aus rotem Mainsandstein gemeißelte Grabplatte (siehe Seite 18) zeigt einen in der Stadtbürgertracht des 16. Jahrhunderts gekleideten Mann mit Schaube und Barett, dessen im Gebet gefaltete Hände einen Rosenkranz halten. Zwischen den Füßen findet sich Riemenschneiders Wappenschild mit den geschnittenen und gekreuzten Riemen. Die Umschrift lautet: „Anno dm (= domini) MCCCCCXXXI (= 1531) am abent kiliani (= 7. Juli) starb der ersam vnd kunstreich Tilman Riemenschneider Bildhauer burger zu wurczburg. dem got genedig sey. Amen." Riemenschneiders Sohn Jörg schuf diesen Gedenkstein für seinen Vater. Zehn Jahre später wurde eine Inschrift zum Gedächtnis an Riemenschneiders Schwiegersohn Bernhard Hop hinzugefügt. Eine Kopie des Grabsteins findet sich an der nördlichen Außenwand des Kiliansdomes. Doch zurück zum Museum!

Mögen es nun Richtschwerter und Waffen, Tafelbilder im Kirchensaal, Historienbilder und Porträts im Steinsaal, Gemälde Tiepolos und Zicks in der Galerie, mag es die nach Heiligkreuz in Niederösterreich zahlenmäßig zweitgrößte, jedoch bedeutendste Bozzetti-Sammlung ihrer Art auf der Welt

Spätbronzezeitlicher Kult- oder Kesselwagen (Miniatur) aus einem Steinkammergrab bei Acholshausen, um 1000 v. Chr.

Kelterhalle mit alten fränkischen Weinpressen.

(Kleinplastiken aus dem Nachlaß des Hofbildhauers Johann Peter Wagner) oder der Gnadenstuhl im Raum der gotischen Plastik sein: Die Vielfalt der Exponate lädt zum Verweilen und Wiederkommen ein. Das Interieur – um nur ein paar Akzente zu setzen – besticht durch Bedeutung, Reichhaltigkeit und Art der Präsentation:

Fayencen im Kunstgewerbesaal, Gartenplastiken von Ferdinand Tietz, Prunkschreibtisch im Tapetenzimmer, Räderuhr und Riemenschneiders Lüsterweibchen im gotischen Zimmer, Alabaster-Prunkgrabmal und Lindenholzrelief aus der Schule von Veit Stoß im Rittersaal, Riemenschneiders spätgotischer Prunktisch im Basteigang, weltliche und kirchliche Gold- und Silbergeräte, Volkskunst, Schaustücke der Vor- und Frühgeschichte, romanische Plastik, Zeugen fränkischer Weinkultur in der Kelterhalle und schließlich die Kasematte. Inmitten kostbarer Epitaphien finden in der Schönbornhalle seit 25 Jahren in Verbindung mit den „Freunden Mainfränkischer Kunst und Geschichte" stimmungsvolle Museumskonzerte statt.

Das 1990 im sogenannten Fürstenbau, dem Südflügel der Festungs-Anlage, eröffnete Fürstenbau-Museum erstreckt sich über zwei Stockwerke.

Im ersten Stock finden sich Rekonstruktionen der ehemaligen fürstbischöflichen Wohnräume wie sie vor dem Residenzbau in der Stadt – allerdings bestückt mit adäquatem Mobiliar des 17. Jahrhunderts – ausgesehen haben mögen. Kunstgegenstände aus Beständen der Hofkirche, darunter ein Dornenreliquiar, sind in einer Schatzkammer verwahrt, wertvolle Gewebe für gottesdienstliche Zwecke in einer besonderen Paramenten-Kammer.

Der zweite Stock des Fürstenbau-Museums enthält die stadtgeschichtliche Abteilung des Mainfränkischen Museums. Hier belegen Exponate die Geschichte der Stadt Würzburg seit der Kilianszeit (7. Jahrhundert) bis in unsere Tage. Herausragend ist das Kiliansbanner oder Kilians-Panier (1266), das als ältestes deutsches Feldzeichen gilt. Von Bedeutung sind ferner eine Seidenstickerei (um 980) sowie zwei Stadtmodelle (Würzburg 1525 und, nach Kriegszerstörung, 1945).

In der Festung, die im Besitz und in der Obhut des Freistaates Bayern steht, befinden sich heute neben dem städtischen Mainfränkischen Museum und dessen Verwaltung Teile des Staatsarchivs, ferner die vom Fremdenverkehrsamt der Stadt betreuten Tagungs- und Veranstaltungsräume des Hofstubenbaus, die Burggaststätten und die Schänke zur Alten Wache sowie Wohnräume und Depots.

Ein Rundgang um die Festung bietet herrliche Ausblicke auf die Stadt und ihre Türme, auf den geruhsamen Lauf des Flusses und auf Balthasar Neumanns Wallfahrtskirche „Käppele“. Immerhin sind die Türme des „Kapellchens“ auf dem Nikolausberg fast 35 m hoch. Der Kirche zugewandt liegen die innere und die äußere „Leiste“, Weinlagen, die, neben dem berühmten Würzburger „Stein“, für Kenner und Liebhaber des Frankenweins eine gute Herkunftsadresse sind. Der „Stein“ gerät ins Blickfeld, wenn man die Brücke über den Halsgraben zum Scherenbergtor passiert.

Festung Marienberg vor Sonnenuntergang.
Nachfolgende Seiten: Unterhalb der Festung Marienberg spannt sich die von 12 überlebensgroßen Sandsteinfiguren gesäumte „Alte Mainbrücke“ über den hier 125 m breiten Fluß.

Enzelins Risiko

Vermutlich hat es schon Mitte des 8. Jahrhunderts, zu Zeiten Bischof Burkards, eine Verbindung beider Mainufer gegeben, doch erst um 1133 wird von Meister Enzelin eine stabilere Brücke gebaut. Enzelin war ein begabter Laie, der mit den von ihm vorgesehenen Spannweiten ein erhebliches Risiko einging, doch seine Brücke hielt immerhin 209 Jahre, ehe sie von einem Hochwasser weggerissen wurde. Die neue Brücke erlitt 100 Jahre später das gleiche Schicksal. Eine leichte Holzbrücke diente als Übergangslösung bis Baumeister Hans von Königshofen 1474 mit dem Bau einer festen, teils durch Ablässe finanzierten Brücke aus Stein und Holz begann, deren Pfeiler infolge Geldnot erst nach 1536 gewölbt wurde. Bis 1554 gab es ein Brückengericht, das bei schönem Wetter jeweils am ersten Mittwoch im Monat auf der Brücke Recht sprach. Letztlich mußten die Holzteile der Konstruktion dauerhafteren Steinen weichen, die Brückentore und -türme aber dem Geschmack der Zeit und dem Verkehr. In Kriegszeiten, etwa 1631, 1813 und 1866 war die Brücke besonders hart umkämpft; im Zweiten Weltkrieg wurde sie gesprengt. Ihre Erneuerung dauerte bis 1977.

Wer die Alte Mainbrücke, die sich heute über acht Bogen spannt – der Main ist hier 125 m breit –, von Westen her begeht, um in das Herz der Stadt zu gelangen, sieht sich einem beeindruckenden Panorama gegenüber. Brückenfiguren, Rathausturm und Domtürme formierten sich jenseits der leicht gewölbten Fahrspur zu einem Bild vollkommener Harmonie, das eine Entsprechung nur noch in der Prager Karlsbrücke findet.

Zwölf Steinfiguren aus der Barockzeit, Kopien zerschlagener Originale, zumeist Heilige, die eine besondere Beziehung zu Würzburg oder auch nur zu den Stiftern der Plastiken haben, Kilian, Kolonat, Totnan, Maria, die Patronin Frankens, Burkard, Bruno, Karl der Große, C. Borromäus, Nepomuk, Joseph, Fridericus und Pipin geben der Brücke ihre besondere Note.

Alte Mainbrücke mit Blick auf Grafeneckart und Dom.

Mord am Vicecomes

Was ein „Vize" ist, nämlich ein Stellvertreter, weiß auch ein Nichtlateiner, ein „comes" aber war im Spät- und Mittellateinischen ein Graf. Und jener Herr Eckart, der 1193 die Würde eines bischöflichen Schultheißen und eines Vizeburggrafen in seiner Person vereinigte, wohnte in einem 1180 erstmals erwähnten mittelalterlichen Geschlechterturm, der seit 1212 „Curia Eggehardi Comitis", also etwa „Amtssitz Eckarts, des Grafen" genannt wurde. Es gibt auch noch andere Deutungen.

Der vom Vierröhrenbrunnen aus gut überschaubare „Grafeneckart", 1316 von der Stadt Würzburg erworben, ist der älteste Teil des Rathauses. An ihn schließen sich nach Westen der 1659/60 errichtete, soge-

nannte „Rote Bau“ und ein Neubau unserer Zeit an, der den kriegszerstörten Gebäudeteil des ehemaligen Karmelitenklosters ersetzt.

Der Vicecomes aber, der dem „Grafeneckart“ den Namen gab, wurde am 13.12.1201 von den Brüdern Bodo von Ravensburg und Heinrich Hund von Falkenberg, die ein

Grafeneckart und Vierröhrenbrunnen.
Links: „Wenzelsaal“ (13. Jh.) im „Grafeneckart“ des Rathauses.

knappes Jahr später auch seinen Gönner, Bischof Konrad von Querfurt umbrachten, ermordet. Es steht dahin, ob und wie diese Racheakte gesühnt wurden.

Der „Grafeneckart“ ist nach der Freskomalerei an seiner Südfassade auch „Grüner Baum“ genannt worden. Dort zunächst wurden im Bauernkrieg die Gefangenen des Fürstbischofs, darunter Til Riemenschneider, festgesetzt.

Im Wenzelsaal des „Grafeneckart“ bewirteten die Stadtväter 1397 König Wenzel den Faulen nach allen Regeln der Kunst. Doch es nützte nicht viel. Wenzel versprach der Stadt die Reichsunmittelbarkeit, widerrief aber, kaum daß er sich aus ihr entfernt hatte.

Gegenüber dem „Grafeneckart“ gruppieren sich die vier Kardinaltugenden um den von der „Franconia“ bekrönten Vierröhrenbrunnen (1766).

Kranich am Ufer

Einen Kranen am Mainufer gab es bereits 1560. Das Wort leitet sich vom Namen des Kranichvogels her, dessen weit vorstreckbarer Hals für die Bezeichnung des über das Wasser ragenden Kranenarms Pate gestanden haben mag. Der Alte Kranen am Würzburger Mainufer reiht sich würdig ein in die lange Liste der Wahrzeichen, die dem Stadtbild sein charakteristisches Gepräge verleihen.

Balthasar Neumanns Sohn, Franz Ignaz Michael, hat den jetzigen Kranen erbaut. 1773 wurde er nach sechsjähriger Bauzeit in Betrieb genommen. Im Zweiten Weltkrieg blieb er unversehrt, so daß seine Mechanik erhalten und noch betriebsfähig ist. In den Jahren 1837, 1954 und 1967 erfolgten notwendige Renovierungen.

Das hölzerne Getriebe kann zwei Kranenarme mit einer Tragkraft bis zu vierzig Zentnern auf einer drehbaren Dachkuppel bewegen. Die Kraft wird durch ein Doppeltretrad übertragen. 1846 wurde mainabwärts ein eiserner Kranen errichtet. 1875 begann man nordwestlich des Heizkraftwerks mit dem Bau des Alten Hafens. Der eiserne Kranen wurde 1922 abgebrochen, der Alte Kranen stillgelegt. Er hatte seine Schuldigkeit getan. 1934 wurde dann der Bau des Neuen Hafens in Angriff genommen. Heute behaupten die drei Hafenanlagen der Stadt, gemessen an ihren Umschlagzahlen, den zweiten Platz in Bayern. Gelöscht werden vorwiegend Mineralöl, Futtermittel, Baustoffe und Getreide.

Auf der Ostseite des Alten Kranen, auf dessen langem Ausleger die Möwen gern Parade sitzen, hat im wiederaufgebauten ehemaligen Zollgebäude das „Haus des Frankenweins", eröffnet 1990, seine Funktion aufgenommen. Das Haus dient in seiner einmaligen Art hauptsächlich der Präsentation der gesamten Palette fränkischer Weine.

Vorangegangene Seiten und unten: Alter Kranen (1773) am Mainufer.
Rechts: Die „Würzburger Turmkrone": Kiliansdom, Neumünster und Marienkapelle.

Steinerne Huldigung

Die Marienkapelle am Markt ist eng mit der Stadtgeschichte verknüpft. „Kapelle“ – im Gegensatz zur Marienkirche im Festungsbereich – heißt sie, weil sie ohne pfarrkirchliche Rechte ist. Der Marktplatz wurde erst Ende des 14. Jahrhunderts angelegt. Zuvor war dort ein Ghetto, das im Verlauf einer Judenverfolgung 1349 gestürmt und ein Raub der Flammen wurde. Zur Sühne errichtete die Bürgerschaft an der Stelle der Synagoge eine vermutlich hölzerne Kapelle und später einen steinernen Bau. 1377 wurde dann der Grundstein zur „Kapelle der allerseligsten Jungfrau am Judenplatz in der Stadt Würtzburg“ gelegt. Die Marienkapelle, die als gotische Hallenkirche einen Höhepunkt der Kunstgeschichte Würzburgs darstellt, ist nicht nur Ausdruck selbstbewußten Bürgertums, sondern auch eine steinerne Huldigung an Maria.

Das Langhaus ist mit dem hochgotischen Chor nahtlos verschmolzen. Der Turm einschließlich der Doppel-Immaculata mißt beachtliche 72 m.

Interessant sind die drei Kirchenportale. Im Tympanon des nach Süden zum Unteren Markt hinweisenden Portals ist die Krönung Mariens dargestellt (um 1430), während die Pfeiler mit Kopien von Tilman Riemenschneiders Adam und Eva geschmückt sind. Die Originale der meisterlichen Frühwerke (1493) des Würzburger Steinbildhauers und Bildschnitzers befinden sich im Mainfränkischen Museum auf der Festung. Meister Til meißelte den Adam im Auftrag des Rates der Stadt 1,89 m hoch, nämlich dreifingerbreit höher als er selbst war, und entgegen bisheriger Übung gestaltete er das Menschenpaar unbekleidet und den Adam ohne das Attribut männlicher Kraft, den Bart. Im Giebelfeld des Westportals ist das jüngste Gericht dargestellt und im Tympanon des Nordportals (Anfang 15. Jahrhundert) die Verkündigung und Menschenwerdung. Hier gibt die seltene Darstellung der Menschwerdung immer wieder Anlaß zu Diskussionen: Gottvater läßt das Christuskind durch das Pneuma des Heiligen Geistes, ein schlauchartiges Sprachrohr, in das Ohr Mariens gleiten.

In den Pfeilernischen stehen die steinernen Kopien der Plastiken von Christus Salvator,

Links: Marienkapelle am Markt bei Nacht.
Rechts: Denkmal für Konrad von Schaumberg in der Marienkapelle (Riemenschneider, 1502).

Johannes dem Täufer und den zwölf Aposteln. Die Originale, nach 1500 geschaffen von Til Riemenschneider und seinen Gesellen, befinden sich wiederum im Mainfränkischen Museum.

Das Innere der Marienkapelle, die eine begehrte Begräbnisstätte des Adels war, zeichnet sich durch lichte Raumwirkung aus. Unter einer stattlichen Zahl sehenswerter Grabsteine und Denkmäler fällt Riemenschneiders Grabdenkmal für den Kriegsminister der Bischöfe von Scherenberg und von Bibra, den Ritter Konrad von Schaumberg auf, der 1499 auf der Heimreise aus dem heiligen Land verstarb. Der Stadtrat als Testamentsvollstrecker folgte dem letzten Willen des Ritters, gab sein Denkmal am 12.2.1500 bei Tilman Riemenschneider in Auftrag und ließ Konrads Lieblingsroß dreimal um den Altar der Kapelle führen.

In der Marienkapelle ist der berühmte Barockbaumeister Balthasar Neumann beigesetzt.

Am Unteren Markt steht, außer dem Renaissancegebäude des Casteller Hofes, ein schöner Marktbrunnen (1805) von Andreas Gärtner – der Obelisk entspricht dem napoleonischen Stil der Zeit –, ferner der Marktbärbelbrunnen (1973) und die Postreiter-Plastik (1974), beide von Otto Sonnleitner. Das Haus 14/16 ist ursprünglich eine Schöpfung Balthasar Neumanns.

Mittelschiff der gotischen Marienkapelle am Markt.

Das Haus zum Falken am Oberen Markt.

Falke auf dem Dach

Der Falke auf dem Dach bestätigte nur den Namen des Hauses. Wie andere „Zum Bären“ oder „Zum Greifen“ hießen, nannte man es schon lange vorher, damit man es besser finden konnte, „Zum Falken“. Von 1338 – 1406 war es Wohnhaus des Dompfarrers. In seiner jetzigen Baugrundsubstanz stammt es aus dem 17. Jahrhundert.

Seit 1629 war es Gasthaus, und die Gastwirtswitwe Meißner ließ es von wandernden oberbayerischen Stukkateuren mit einer bürgerlichen Rokoko-Stuckfassade versehen. Schließlich mußte sie Werbung betreiben. Dem fürstlichen Rokoko des Residenzbaues wurde bürgerliches Rokoko entgegengesetzt. Und weil das Haus nun schon einmal einen besonderen Namen führte, wurde zu dessen Bestätigung noch der Falke aufs Dach gesetzt. Im übrigen sind von keinem Haus der Stadt, Domherrenhöfe ausgenommen, so viele Eigentümer nachweisbar wie vom Falkenhaus. 1924 und nach der Zerstörung im Zweiten Weltkrieg wurde seine Fassade erneuert. So wurde es zum schönsten Profanbau der Stadt. Frau Meißner freilich erhielt für diesen Aufwand ein Äquivalent: Zehn Jahre Steuerfreiheit. An der Fassade ist die Krönung Marias dargestellt. Die Stadt erwarb es erst 1939. Buntes Marktleben umgibt das Haus, das zur Zeit das Kulturreferat mit dem Mozartfestbüro der Stadt Würzburg beherbergt. Die Stadtbücherei, Jahrzehnte im Falkenhaus untergebracht, hat zum Marienplatz hin einen modernen Neubau erhalten.

Folgende Seiten: Der Obere Markt im Winkel zwischen Marienkapelle und Falkenhaus ist ein reizvoller Ort pulsierenden Lebens.

MALSOVIT
MALSOVIT

Cafe Michel
CAFE
Konditorei
Bäckerei
CAFE WEI
Pralinen
Cafe
Lord Extra

Des Stifters Werk

Des Stifters Werk versank in Feuersnot, sein Geist jedoch ward uns Gebot. Mit Gottes Hilf und aller Kraft ward dieser Bau aufs neu geschafft. A. D. 1952.

So berichtet der Sgrafitto-Text im Eingangsportal des Juliusspitals. Wer von der Juliuspromenade aus den Innenhof des mächtigen Baukomplexes durch den Haupteingang betritt, ist zunächst überrascht von der Schönheit und Harmonie der Anlage. Der Stifter, Fürstbischof Julius Echter von Mespelbrunn, ließ auf dem Gelände eines seit dem 12. Jahrhundert bestehenden Judenfriedhofs 1576 den Grundstein zu diesem Spital für „das arme, abgearbeit und unvermögend Volk, auch alte, kranke, bresthafte und verlassene Leut'" legen. Architekt war vermutlich der kurmainzische Baumeister Georg Robijn. Gustav Adolf von Schweden ließ die Kasse des Krankenhauses im 30jährigen Krieg unbehelligt, denn im Stiftungsbrief war jedem, der sich am Spitalsgut vergriff, für den jüngsten Tag Vergeltung angedroht. „Ich will in jener Welt mit diesem Pfaffen nichts zu schaffen haben", sagte der Schwedenkönig.

Im Laufe der Jahrhunderte wurde das Spital immer wieder von Bränden heimgesucht, und bedeutende Baumeister wie Petrini, Neumann, Greising, Geigel und Gärtner mühten sich um seinen Wiederaufbau und sein Ansehen. Zuletzt sank das Spital, das der Stifter mit reichem Weinbergsbesitz ausgestattet hatte, 1945 in Schutt und Asche. Bis 1854 war es eng mit der Universität Würzburg verbunden. Im Pavillon des Spitalgartens, seinerzeit „Anatomisches Theater", heute festlicher Repräsentationsraum, wirkten berühmte Professoren und Ärzte, darunter Siebold, Koelliker und Virchow. Die mit einzigartiger Originaleinrichtung erhaltene Rokoko-Apotheke im Erdgeschoß des Fürstenbaues wurde offenbar bereits seit 1679 betrieben.

Ein Blick auf den prachtvollen Barockbrunnen jenseits der Gartenfront der schloßartigen Anlage lohnt sich. Jacob van der Auwera schuf ihn im Jahre 1706. Der Greif,

Rokoko-Apotheke im Juliusspital.

Barock-Brunnen von Jacob van der Auwera im Garten des Juliusspitals.

das Wappentier des Fürstbischofs Johann Philipp von Greiffenclau, wird von vier Figuren umlagert, die die vier Flüsse des Hochstifts Würzburg versinnbildlichen: Main, Saale, Sinn und Tauber. Das Ensemble wird durch Delphine vervollständigt.

Im Juliusspital wirkte die Arztfamilie von Siebold; der Arzt und Japanforscher Philipp Franz von Siebold (1796 – 1866) machte sich, in Japan hochgeehrt, auch in seiner Heimat einen Namen.

Die Verbindung von Krankenhaus, Altenheim und Weingut war von jeher effizient. Das Weingut verfügt – wie die beiden anderen großen Würzburger Weingüter, das Bürgerspital zum Heiligen Geist und der Staatliche Hofkeller – über Weinberge in den sonnenwärmsten Lagen Frankens. Wen wundert's da, daß ein Haus, das rund 720.000 Liter Wein in Holzfässern, 600.000 in Edelstahltanks und 400.000 in abgefüllten Flaschen lagern kann, auch über eine eigene Bäckerei und eine stilvolle Weinstube verfügt, daß im Spital Wein verkauft wird oder daß gelegentlich schon mal ein Hinweiszettel im Arkadengang hängt, auf dem zu lesen steht: „Abgabe der Infusionen in der Kelterhalle!"

Folgende Seiten: Die Türme von Neumünster, Rathaus, Johanniskirche und Dom.

PHILIPPUS EPISCOPUS

Kiliansgruft und Walthergrab

Unweit des Marktes, am Kürschnerhof, dominiert dort, wo ursprünglich Würzburgs erster Dom stand, die Neumünsterkirche, eine romanische Basilika des 11. Jahrhunderts. Ihre prächtige Rotsandsteinfassade wurde zwischen 1710 und 1716 von Johann Dientzenhofer und Joseph Greising erbaut. Der plastische Schmuck ist von Johann van der Auwera: Neben dem Hauptportal die Stiftsheiligen St. Johannes Baptist und St. Johannes Evangelist, im Segmentgiebel darüber Mariä Himmelfahrt, weiter darüber Christus Salvator mit der Weltkugel, innen flankiert von St. Kilian und St. Burkard, außen von Kolonat (mit Kelch) und Totnan (mit Evangelienbuch); im Dreiecksgiebel steht das Wappen des Fürstbischofs J. Ph. von Greiffenclau. Hinter der Schaufassade lugen der mächtige, achtseitige Kuppelbau und der achteckige, spätromanische Glockenturm mit barocker Zwiebelhaube hervor. Auch das Innere des Neumünsters ist sehenswert. Neben dem Hochaltar (1724) der Brüder Dominikus und Johann Baptist Zimmermann, sind das Kuppelfresko von Nikolaus Gottfried Stuber, ein frühgotischer Christus mit über die Brust gelegten Armen (vor 1350), vier Tafelbilder eines fränkischen Altares (1514) und eine Sandsteinmadonna (1493) von Tilman Riemenschneider hervorzuheben.

Die Kiliansgruft ist der Ort, an dem Kilian, Kolonat und Totnan 689 n. Chr. den Märtyrertod erlitten. Der Altar mit dem Reliquienschrein und den Nachbildungen von Riemenschneiders Frankenaposteln – die Originale sind 1945 verbrannt – ist Wallfahrtsziel seit altersher.

Im Lusamgärtlein des Neumünsters befindet sich das Grabdenkmal für Walther von der Vogelweide, dem Friedrich II. im Stift ein Alterslehen gewährt hatte. Das „Feierabendgärtlein" ist begrenzt von einem erhalten gebliebenen staufischen Kreuzgangflügel (1170/80).

Links: Barockfassade des Neumünsters.
Unten: Nordflügel (um 1170/80) des Kreuzganges im „Lusamgärtlein" mit romanischen Pfeilerreliefs.

Bald schon 1000 Jahre alt

Nicht immer war der Würzburger Dom ein Kiliansdom. Der erste, 788 in Gegenwart Karls des Großen durch Bischof Berowelf geweihte Dom über der Todesstätte der Frankenapostel an der Stelle des heutigen Neumünsters war Christus Salvator geweiht. 855 vernichtete ihn ein Brand. Eine kleinere Kirche mußte dann der dreischiffigen karolingischen Anlage Bischof Arnos weichen. Darauf folgte der erste, Kilian geweihte, kleinere Vorgängerdom der heutigen Kirche. Er wurde, wiederum nach einem Brand, zunächst unter Bischof Thioto und dann unter Bischof Heinrich I. erweitert. Um das Jahr 1000 bestimmte man den hl. Andreas zum Patron des Domes. Er blieb es bis 1967.

Bischof Bruno aus dem Geschlecht der Salier ist der eigentliche Begründer des heutigen Dombaus, der viertgrößten romanischen Kirche Deutschlands nach den Kaiserdomen von Speyer, Mainz und Worms. Benno begann um 1040 mit Umbauarbeiten und Planungen für einen Gesamtneubau, dessen Krypta dann anläßlich seiner Beisetzung (1045) geweiht wurde. Voll verwirklicht waren Bennos Pläne erst 1188. 1287 fand im Dom das einzige deutsche Nationalkonzil statt.

Im Laufe der Zeit wurde der Dom mannigfach aus- und umgebaut. Die Arbeiten, die zumeist auf Plänen des Fürstbischofs Julius Echter († 1617) basierten, zogen sich bis ins 18. Jahrhundert hin. Von 1701 – 04 erfolgte eine hochbarocke Stukkierung des gesamten Innenraums durch Pietro Magno. 1721 – 36 fügte Balthasar Neumann dem nördlichen Querschiff die Schönbornkapelle an; auch er ergriff bauliche Maßnahmen am Dom, der später, nach der Säkularisation, neuromanische und neugotische historisierende Veränderungen über sich ergehen lassen mußte. 1945 fiel er in Schutt und Asche. Wertvollste Ausstattungsstücke, darunter auch Werke von Riemenschneider, gingen verloren. Noch 1946 stürzten große Bauteile

Ostwerk des Kiliansdomes.

des schon mit einem Dachstuhl versehenen Domes ein. Der Wiederaufbau konnte erst 1967 abgeschlossen werden.

Das Äußere des Kiliansdomes ist mächtig und trutzig, ja, geradezu einfach, um nicht zu sagen monoton. Über seine Schönheit – außen wie innen – läßt sich allemal streiten, nicht aber über seine sakrale und kirchengeschichtliche Bedeutung und über seine religiöse Mittelpunktfunktion. Das Westwerk mit dem eng aneinandergerückten, 73 m hohen Turmpaar ist der alten Silhouette angepaßt. Reizvoller schon sind die beiden schlanken, in den Obergeschossen achteckig gestalteten Osttürme, die 1237 bis zur heutigen Höhe emporgeführt waren. Die halbrunde Apsis des Chores ist von zwei niedrigen Sakristeien flankiert. So wirkt das Ostwerk des Domes gegliedert und daher gefälliger als das Westwerk.

An der Nordwand der Kirche fällt eine Kopie der 1822 auf dem Domleichhof zutage geförderten Grabplatte Riemenschneiders auf. Sie gab, wie bereits erwähnt, den Anstoß, Leben und Wirken des bis dahin schon vergessenen Meisters der Spätgotik eingehend zu erforschen.

Das Innere des Domes, renoviert 1989, zeigt unter weitgehendem Verzicht auf Neuschöpfungen in alten Formen eine Erneuerung des Zerstörten im Geist unserer Zeit. Der Hauptaltar wurde in die Vierung verlegt, der Chor mit der Kathedra des Bischofs in der Apsis als Presbyterium eingerichtet. Hauptaltar, Sakramentshaus und Bischofskathedra, wie auf unserem Bild zu sehen, schuf Albert Schilling aus Basel, das Tabernakel gestaltete Josef Amberg, Würzburg.

Als bedeutsamstes historisches und kunsthistorisches Interieur des Kiliansdomes gilt die fast lückenlose Reihe erhaltener Bischofsgrabmäler, die vom 12. Jahrhundert bis in unsere Zeit reicht. Unter den Grabmälern stechen insbesondere die der Fürstbischöfe von Scherenberg und von Bibra hervor. Riemenschneider arbeitete sie aus rotem Salzburger Marmor, und er stellte den

Riemenschneider-Grabdenkmal für den Fürstbischof Rudolf von Scherenberg im Dom.

Im Kiliansdom.

95jährigen Greis Rudolf von Scherenberg nicht idealisiert dar, sondern gezeichnet von der drückenden Last der Mitra und des Amtes mit allen Runen, Falten und Lebensspuren seines durchgeistigen Gesichtes.

Neben einem weiteren, von Riemenschneider geschaffenen Grabdenkmal für den Fürstbischof Lorenz von Bibra gibt es im Kiliansdom noch zahlreiche bedeutsame Kunstwerke, darunter, um nur einige zu nennen: Das von Meister Eckart aus Worms 1279 geschaffene Taufbecken, das einzige größere Erzgußwerk des 13. Jahrhunderts in Süddeutschland, ferner die Steinfigur des hl. Leonhard (um 1310), gotische Wandgemälde (1380/90), weitere Riemenschneiderwerke wie Johann Evangelist oder Christus Salvator, Petrus und Andreas am Apostelaltar, sodann die prachtvolle, reichgeschmückte Kanzel (1609/10), die Michael Kern im Stil der Renaissance schuf. Sehenswert sind ferner die Krypta mit dem Grab des hl. Bruno († 1045), die von Balthasar Neumann geschaffene Schönbornkapelle und, daneben auch hörenswert, die Klais-Orgel mit 7000 Pfeifen und „Trompeteria".

Domkreuzgang. Folgende Seiten: Festung Marienberg und Wallfahrtskirche „Kappele" bei Nacht.

Balthasars Wallfahrtskirche

Auch das „Käppele", das „Kapellchen", ist ein Wahrzeichen Würzburgs und ein besonders geliebtes dazu. Was Wunder! Schaut es doch als sakrales Pendant zur mächtigen Festung Marienberg den Wallfahrern und Spaziergängern, die den Nikolausberg besteigen, anmutig von der Höhe entgegen. Klein ist es freilich nicht, wenn man vor seiner Fassade steht und zu seinen fast 35 m hohen Türmen emporblickt.

Hier hatte der Sohn eines Fischers um 1640 eine von dieser Zeit entstandene Pietà, eine Darstellung Mariens mit dem Leichnam Christi auf dem Schoß, aufgestellt. Das Gnadenbild befindet sich heute im Gnadenaltar der Kirche. Etwa zehn Jahre später, am 6. Juli 1650, vermerkte ein Protokoll in Zusammenhang mit der Pietà vier wundersame Heilungen. Eine Reihe von Erscheinungen und Merkwürdigkeiten zog Wallfahrer an. Bald kamen sie, vornehmlich in der Pfingstwoche, um Gebetserhörung zu suchen. Heute führt, vorbei an 14 Kapellen, ein eindrucksvoller Stationsweg über eine platanengesäumte Treppenanlage zur Kirche. 1690 mußte die Kapelle erweitert und 1713 verlängert werden. Schließlich legte der wohl bedeutendste deutsche Barockbaumeister, der nach 1700 als „Ernst- und Lustfeuerwerker" nach Würzburg gekommen war, Balthasar Neumann, Pläne für einen Kirchenneu- und -anbau vor. Die Grundsteinlegung zu der Maria geweihten Kirche fand am 5.4.1748 statt. Bis 1750 wurde noch am „Käppele" gebaut. Die Ausstattung war erst 1821 abgeschlossen, die Einweihung erfolgte am 21.9.1824.

Links: Balthasar Neumanns Wallfahrtskirche „Käppele" (1747/50) auf dem Nikolausberg.
Oben: „Käppele", glanzvolle Inneneinrichtung.

Zur glanzvollen Inneneinrichtung zählen die Fresken (1752) von Matthäus Günther und die Stuckarbeiten von J. M. Feichtmayr aus Wessobrunn. Im reich mit Votivgaben ausgestatteten Mirakelgang ist Volksfrömmigkeit dokumentiert.

Schloß mit Listenplatz

Um es gleich vorwegzunehmen: Gemäß des UNESCO-Übereinkommens zum Schutz des Kultur- und Naturerbes der Welt ist die ehemals fürstbischöfliche Residenz zu Würzburg mit Park und Vorplatz laut Dokument vom 5.1.1982 in die sogenannte „Liste des Erbes der Welt“ eingetragen worden. Das, immerhin, ist eine Beurteilung, die die Bedeutung dieses Bauwerkes über alle bekannten Lobpreisungen hinaus wirksam unterstützt.

Wie kam es zum Bau dieser Residenz, dieses „Schlosses über den Schlössern“, von dem Napoleon gesagt haben soll, daß es der schönste Pfarrhof Europas sei?

1253 hatte Bischof Lobdeburg seine Verwaltung aus den Domherrenhöfen der Stadt auf die Burg verlagert. Das mag auch insoweit vorausschauend gewesen sein, als sich die Bürger durchaus nicht immer mit ihren Bischöfen vertrugen, ja, sogar gegen sie opponierten, so daß feste Mauern dem Sicherheitsbedürfnis der Bischöfe entgegenkamen. Natürlich war es umständlich, von der hohen Warte des Berges aus zu herrschen, so daß die Regierenden nach Wegfall der Gefahren für Leib und Leben immer wieder einmal daran dachten, ihren Sitz in die Stadt zurückzuverlegen. Doch erst Fürstbischof Johann Philipp Franz von Schönborn begann den Plan in die Tat umzusetzen. Die Verlegung der Hofhaltung in die Stadt sollte Kosten sparen. Das Gegenteil freilich war der Fall. Dem Fürstbischof, der, wie der Titel es sagt, sowohl weltliche als auch kirchliche Macht über das Bistum ausübte, kam zugute, daß er aus einem Unterschlagungsprozeß 600.000 Gulden gewann. Damit konnte der Startschuß zu diesem Jahrhundertwerk gegeben werden. Überdies war das Haus Schönborn durch seine große Baufreudigkeit bekannt, die auch unter Friedrich Carl nicht nachließ. Heute muß man sagen: glücklicherweise, obwohl der Residenzbau der Bevölkerung auch viele Entbehrungen auferlegte.

Südflügel der Residenz.

Sieben Fürstbischöfe haben – im übertragenen Sinne – von 1719 bis 1795 an der Residenz gebaut oder nicht gebaut, wie etwa Franz von Ingelheim, der den Bau einstellte und den Baumeister Balthasar Neumann entließ, weil er lieber seinen alchimistischen Neigungen nachging und Gold zu machen versuchte. Sein Nachfolger gab Balthasar Neumann Amt und Würden unverzüglich zurück.

Am 22.5.1720 wurde der Grundstein zu dem 167 m breiten und 92 m tiefen Bauwerk gelegt, bei dem ein Quertrakt zwei um Binnenhöfe gruppierte Vierflügelanlagen verbindet. Der Fürstbischof hatte Vertrauen zu einem jungen, aus Eger in Böhmen stammenden Architekten namens Balthasar Neumann, der zudem mit den fränkischen Truppen unter Prinz Eugen an der Eroberung Belgrads teilgenommen hatte. Ihm, der sich freilich in Paris, Wien und Mainz von bedeutenden Baumeistern der Zeit beraten ließ, vertraute er – und, wie sich herausstellte, zu Recht – die große Aufgabe des Residenzbaues an. Am 30.12.1744 war der Rohbau vollendet, seine Ausstattung jedoch zog sich noch jahrzehntelang hin.

Bei der Bombardierung Würzburgs am 16.3.1945 brannte auch die Residenz fast vollständig aus. Neumanns Wölbungskunst, der Technik der Freskomalerei und dem raschen Eingreifen des amerikanischen Kunstschutzoffiziers John D. Skilton, der das Gebäude durch ein Notdach schützen ließ, ist es zu verdanken, daß die Fresken Johann Zicks und Giovanni Battista Tiepolos im Inneren der Residenz original erhalten blieben. Freskomalerei auf frischem, feuchtem Verputz aus gipsfreiem Kalk, Sand, Wasser und Füllmaterialien bildet beim Austrocknen auf der Oberfläche eine Glashaut aus Calciumcarbonat und verleiht der Farbe außerordentlichen Halt, Secco- oder Trockenmalerei dagegen wäre unter den gegebenen Umständen, wie etwa in der Hofkirche, abgeblättert.

Der Wiederaufbau des Schlosses verursachte Kosten in Höhe von rund 35 Millionen Mark und zog sich bis in unsere Zeit hin. Erst 1987 konnte das restaurierte Spiegelkabinett wiedereröffnet werden.

Puttenvolk des Hofbildhauers Johann Peter Wagner.

Von den etwa 340 Räumen der Residenz sind 42 Schauräume. Im Gebäude befinden sich ferner das Martin-von-Wagner-Museum, Institute der Universität, das Bayerische Staatsarchiv, das Landesamt für Denkmalpflege und die örtliche Schloß- und Gartenverwaltung, Wohnungen für Bedienstete sowie – unterirdisch – der Stückfaßkeller und das Kelterhaus des Staatlichen Hofkellers.

Im Inneren der Residenz besticht vor allem die grandiose Schöpfung des Treppenhauses, über dem sich freigewölbt der Freskenhimmel Tiepolos spannt. Der Wiener Architekt Lucas von Hildebrandt bezweifelte die Tragfähigkeit der über 600 qm großen Wölbung. Doch sie hielt bis zum heutigen Tag. Den Gartensaal im Parterre ließ Fürstbischof Carl Philipp von Greiffenclau noch von dem Allgäuer Johann Zick mit der „Rast der Diana" und einem „Göttermahl" ausmalen, für das Treppenhaus und den Kaisersaal jedoch gewann er den bedeutendsten Freskenmaler seiner Zeit, den Venezianer Giovanni Battista Tiepolo. Dieser gestaltete den Treppenhaushimmel in freier Phantasie und schuf damit das größte Deckenfresko der Welt: Ein Götterfirmament über den vier Erdteilen (Australien galt damals noch nicht als solcher). Jeder Erdteil ist durch eine Frauengestalt personifiziert: die „Europa" mit dem Stier, die „Asia" mit einem (wenn auch afrikanischen) Elefanten, die „Amerika" mit einem Alligator, die „Afrika" mit dem „Wüstenschiff des schwarzen Erdteiles". Ringsherum rankt sich das bunte Leben und Treiben des „großen Welttheaters" so, wie Tiepolo es sich vorgestellt hat. Darüber geht die Sonne auf, steigt Apollo, dem man seine Rosse zuführt, vom Tempel herab. Und um die Glorie des Fürstbischofs gruppieren sich näher und ferner die Planeten in Gestalt von Gestirnsgöttern.

Vorangegangene Seiten: Blick auf den Mittelbau der Residenz (Hofgartenfront).
Links: Residenz, Treppenhaus mit Deckenfresko von Giovanni Battista Tiepolo.
Rechts: Ausschnitte aus dem Deckenfresko.
Folgende Seiten: Konzert im Kaisersaal der Residenz.

Spiegelkabinett in der Residenz.

Tiepolo, der die Freskomalerei nur in der warmen Jahreszeit betreiben konnte und sich im Winter anderweitig beschäftigen mußte, so zum Beispiel mit Arbeiten an den Seitenaltarbildern der Hofkirche, schuf, unterstützt durch seine Söhne Domenico und Lorenzo, das Treppenhausfresko mit Hilfe eines fliegenden Gerüstes in rund dreizehn Monaten. Er und seine Begleiter blieben „3 Jahr bey Hof“. Das kostete den Fürstbischof nach derzeitigem Wert etwa anderthalb Millionen Mark, eine Summe, von der sich keineswegs nur im Hinblick auf die Besucherzahlen der Residenz, heute sagen läßt, daß sie gut angelegt war. Das Schloß registriert jährlich nahezu eine halbe Million Gäste.

Vom Kaisersaal aus hat man einen einzigartigen Blick auf den Hofgarten mit den Putten des Hofbildhauers Johann Peter Wagner. Saal wie Garten sind im Juni eines jeden Jahres Rahmen und Schauplatz für das seit 1922 etablierte und international renommierte „Mozartfest Würzburg“ mit berühmten Orchestern, Dirigenten und Solisten. Darüber hinaus veranstaltet der Fränkische Weinbauverband im Kaisersaal und auf der Festung Marienberg alljährlich ein erlesenes Barockfest.

Im Kaisersaal, dessen Ausmalung zeitlich vor der des Treppenhauses lag, war Tiepolo an ein schriftlich festgelegtes Programm gebunden. Hier mußte er Ereignisse aus der Würzburger Geschichte darstellen, so die Hochzeit Kaiser Friedrichs I. Barbarossa mit Beatrix von Burgund (1156) im sogenannten „Hochzeitsbild“ und die Belehnung Bischof Herolds mit dem Herzogtum Franken durch Barbarossa (1168) im sogenannten „Belehnungsbild“.

Im Gewölbespiegel darüber führt Apollo die kaiserliche Braut auf einem Sonnenwagen, der von vier Rössern gezogen wird, dem personifizierten Sinnbild des Kaisertums, dem Genius Imperii zu.

Vom Kaisersaal aus gelangt man, teils nur im Rahmen einer Führung, nach Süden und Norden in die Kaiser- oder Paradezimmer, darunter auch in das bereits erwähnte Spiegelkabinett. Zu besichtigen sind neben dem Fürstensaal und einer Filialgalerie der Staatsgalerie München, noch die sogenannten Ingelheim- oder Seinsheimzimmer, in denen sich französischer Dekorationsstil mit damals neu entstandenen klassizistischen Formen verbindet.

Im südwestlichen Eck der Residenz liegt die Hofkirche. Genial hat Balthasar Neumann die Aufgabe gelöst, runde Formen in ein schmales, rechteckiges Korsett einzupassen, mußte doch die Symmetrie der Fassaden völlig unangetastet bleiben. Die Planungsgeschichte der Kirche ist lang und wechselvoll. Für Neumann war es nicht leicht, sich gegen die Pläne so berühmter Architekten wie Boffrand, von Welsch, von Hildebrandt oder de Cotte und gegen die Vorschläge des Fürstbischofs Friedrich Carl von Schönborn, durchzusetzen, doch schuf er mit der Hofkirche einen der vollkommensten Sakralbauten des 18. Jahrhunderts.

Für die Dekoration blieb Lucas von Hildebrandt aus Wien verantwortlich. Die Raumstruktur erwies sich als besonders kompliziert, weil das schlanke Rechteck in Ovale aufgeteilt werden sollte. Lichteinfall gab es nur von Süden. Diesen Nachteil machte Neumann künstlerisch wett, indem er schräge Fensterwände konstruierte. 1733 war die Wölbung vollendet, im Jahr darauf die Innenarchitektur festgelegt und auch der zweite, „doppelte“ Altar über dem Hauptaltar für die tägliche Messe des Fürstbischofs beschlossen. Die Dekoration mit der typischen Schwere des Wiener Barock entstand in den Jahren bis zur Weihe der Kirche am 15. September 1743.

Die Deckenfresken von Johann Rudolf Byss, Secco-, also Trockenmalereien, die die Kriegseinwirkungen nicht überstanden hatten, wurden von Karl Körner, München, erneuert. In der Kirche finden sich u. a. Stukkaturen und Stuckfiguren von Antonio

Gartensaal der Residenz, Deckenfresken von Johannes Zick (1750). Folgende Seiten: Herbst im Hofgarten.

Bossi, Skulpturen von Johann Wolfgang van der Auwera, Schnitzereien von Adam Guthmann, Betstühle von Ferdinand Hundt und die Seitenaltarbilder „Engelsturz" und „Die Himmelfahrt Mariens" von Tiepolo. Die Kirche ist ohne Beichtstühle, hat jedoch Choremporen, die durch Fenster gegen den Hauptraum abgeschlossen sind. Die Säulen sind aus natürlichem Koblenzer und Massag-Carrara-Marmor. Erst 1963 war die schwer beschädigte Hofkirche wieder vollständig instandgesetzt.

Noch ein Wort zum Hofgarten. Planungen für die Außenanlagen wurden bereits bei Baubeginn der Residenz aufgenommen. Entwicklungs- und Gestaltungsperioden, die sich an den jeweils regierenden Fürstbischöfen orientierten, lösten einander ab, und mitunter zwangen Finanznöte dazu, die erarbeiteten Programme zurückzustellen.

Erst unter Adam Friedrich von Seinsheim, der von 1755 – 1779 regierte, erhielt der Park sein heutiges Aussehen. Die Bastionen sollten nicht gesprengt, sondern erhalten bleiben, und so dominierten sie die terrassenförmige Anlage des Ostgartens, der später nach Süden hin vergrößert wurde. Neben dem kurbayerischen Hofarchitekten François Cuvilliers d. Ä. und Neumanns Sohn Franz Ignaz Michael waren bedeutende Hofgärtner, wie etwa der aus der Nähe von Prag stammende Johann Prokop Mayer, mit der Gestaltung und Pflege des Gartens betraut. Der Tiroler Johann Georg Oegg, König der Schmiede, arbeitete die prächtigen Hofgartentore. Die Plastiken des Hofbildhauers Johann Peter Wagner, vor allem die Kindergruppen in den Laubengängen, aber auch „Der Raub der Europa" und „Der Raub der Proserpina" innerhalb der Rondelle des Südgartens geben dem Hofgarten seine reizvolle Atmosphäre, und dies nicht nur im Sommer, wenn die Rosen blühen oder die Nachtmusiken des Mozartfestes erklingen, sondern selbst im Winter noch, wenn das Puttenvolk mit lustigen Schneekäppchen bedeckt ist.

Im Südflügel der Residenz befindet sich, wie erwähnt, das Martin-von-Wagner-Museum der Universität mit Antiken- und Graphischer Sammlung. Martin von Wagner (1777 – 1858) war Maler, Bildhauer, Kunstsammler sowie Kunstberater und Freund des bayerischen Königs Ludwig I.

Links: Hofkirche im Südflügel der Residenz.
Oben: Balthasar Neumann.
Rechts: Martin-von-Wagner-Museum; Tiepolo: Bildnis eines Orientalen.
Folgende Seiten: Staatlicher Hofkeller unter der Residenz.

232

Vier Flaschen Steinwein ...

... erbat sich Goethe am 25.12.1808, und es mag sein, daß er sein Kontingent an Frankenweinen über die Weihnachtstage sehr geschmälert hatte. In einem Brief aus dem Jahre 1806, geschrieben an seine Frau Christiane, steht zu lesen: „Sende mir noch einige Würzburger, denn kein anderer Wein will mir schmecken ...“ Ob er nun mit dem „Steinwein“ wirklich nur Weine von der ältesten, einen Lagenamen tragenden Weinlage überhaupt, nämlich vom „Würzburger Stein“, ordern wollte, oder ob er, wie so viele, Frankenwein einfach mit Steinwein gleichsetzte, läßt sich nicht rekonstruieren. Im 16. Jahrhundert hieß es schon: „Zu Würzburg am Stein, da wachsen die besten Wein!“ Aber der Frankenwein wächst ja fast überall auf Stein, im Maindreieck auf Kalkstein, auf Muschelkalk nämlich und auf Lehm- und Lößböden, und im Mainviereck auf Urgestein und Buntsandstein, während er im Steigerwald auf Keuper gedeiht. Und gerade diese Variabilität geologischer Bodenbeschaffenheit ist es, die den fränkischen Weinen „in Zusammenarbeit mit dem Klima“ so vielfältige Charakteristika verleiht. Sicher ist auch der hohe Anteil von Mineralien dafür mitverantwortlich zu machen, daß dem Frankenwein „Krankenwein“-Eigenschaften zugesprochen werden.

Oben: Weinprobe am Alten Kranen vor der Kulisse der Festung Marienberg. Links: Rotweinkeller des Staatlichen Hofkellers unter der Residenz. Rechts: Im Juliusspital. Der Kellermeister prüft.

Hof des Weinhauses „Zum Stachel".

Der „Würzburger Stein", den ein viereinhalb Kilometer langer Lehrpfad durchzieht und an dem die drei großen Würzburger Weingüter, Bürgerspital, Juliusspital und Staatlicher Hofkeller zu je einem Drittel beteiligt sind, ist freilich nur ein kleines Fleckchen innerhalb der fränkischen Gesamtanbaufläche von fast 500 ha, die sich von Aschaffenburg über Würzburg und Schweinfurt bis nach Haßfurt erstreckt. Im Mittelalter war die Anbaufläche nahezu zehnmal so groß. Im Rahmen der elf deutschen Weinanbaugebiete behauptet das fränkische Areal entsprechend seiner Größe den sechsten Platz.

Seit mehr als 1200 Jahren wird in Franken Weinbau betrieben. In Hammelburg sind Weinberge bereits 777, in Würzburg 779 urkundlich erwähnt. Heute vermarkten 7 Winzergenossenschaften, einige Großgüter und zahlreiche Kleinbetriebe die Erträge, die 7700 Winzer, die den Weinbau betreiben, aus 24 Großlagen und 323 Einzellagen gewinnen. Die bekanntesten Würzburger Lagen neben dem „Stein" heißen Pfaffenberg, Schloßberg, Innere Leiste, Abtsleite und Kirchberg.

Weltberühmte Weinorte und Lagen begleiten den Main, der sich nie dafür entscheiden kann, seinen Fluß dauerhaft in eine bestimmte Himmelsrichtung zu lenken. Die Rebsorte Müller-Thurgau dominiert heute über den traditionellen, vom Ebracher Zisterzienserabt Alberich Degen 1665 nach Franken gebrachten Silvaner, und eine reiche Sortenpalette von Riesling und Rieslaner über Bacchus, Kerner, Scheurebe, Traminer und andere bis hin zu einigen Rotweinsorten sorgt dafür, daß hohe Qualitätsansprüche erfüllt werden. Um diese auch äußerlich zu dokumentieren, wurde 1718 im Bürgerspital die typische Bocksbeutel-Flasche kreiert. Sie hat ihren Namen entweder von der Form der Proviantflasche fränkischer Landsknechte oder von der des Hodensacks des Ziegenbocks. Um Frankenweine zu probieren, kann man in stimmungsvolle Weinkeller hinabsteigen, den eingefangenen Sonnenschein auf zahlreichen Winzer- und Straßenweinfesten verkosten oder das flüssige Gold in gastlichen Weinstuben und Wirtschaften zu bodenständiger fränkischer Küche genießen. Vom fränkisch-trockenen Qualitätswein bis zur Beerenauslese findet der Gaumen alles, was das Herz begehrt.

1990 wurde in Würzburg am Alten Kranen das „Haus des Frankenweins“, ein Kristallisationspunkt fränkischer Weinkultur und Weinpräsentation, eröffnet.

Oben: Fränkisches Stilleben. Unten: Weinfest im Hof des Bürgerspitals zum Heiligen Geist. Folgende Seiten: Weinlese am Schloßberg oberhalb von St. Burkard.

Kloster Oberzell am Main.

Landauf, landab

Idyllisch ist diese Mainfränkische Landschaft in und um Würzburg. Winzerdörfer mit berühmten Weinlagen reihen sich wie Perlen aneinander, Weinberge begleiten das Mäanderband des Flusses, und mancherorts gibt es verborgene Kunstschätze und Sehenswürdigkeiten zu entdecken: Mittelalterliche Rathäuser, Marktplätze mit steilgiebeligen Fachwerkbauten, turmbewehrte Stadtbefestigungen und Ringmauern mit engen Tordurchfahrten, Kirchen und Kapellen, Schlösser und Wasserburgen, Brunnen, Wasserspiele in Gärten und Parks und alte Klöster.

Eines davon, mit seinem Turm herausragend aus der Farbenpalette des Malers Herbst, ist das Kloster Oberzell, das mainabwärts, linksmainisch unmittelbar an der Würzburger Stadtgrenze liegt. Balthasar Neumann hat die ehemalige Prämonstratenserabtei aus dem 12. Jahrhundert von 1744 bis 1766 baulich umgestaltet. Heute gehört das Kloster mit seinem wunderschönen Treppenhaus (Bild links) den Dienerinnen der hl. Kindheit Jesu.

Links: Barockes Treppenhaus im Kloster Oberzell.

St. Vitus und Rokoko

Er ist einer der vierzehn Nothelfer, und seine Gebeine ruhen im St. Veitsdom zu Prag. Etwa acht Kilometer mainabwärts von Würzburg sitzt er „bis an die Mitten" als „leibfarb Bildtnus" in einem gelben, dreifüßigen „Hafen" (Topf) seit 1563 als Ortspatron im roten Wappenschild der Gemeinde Veitshöchheim: Der heilige Veit oder, lateinisch, Vitus. „Höchheim" kommt von „Hochheim" und heißt soviel wie „Siedlungsstätte in erhöhter Lage", hochgelegenes Heim also. Uralt sind Orte mit einem solchen Namen, der bis in die Mitte des 6. Jahrhunderts zurückzuverfolgen ist. Besiedelt waren die Fluren der Gemeinde Veitshöchheim freilich schon viel früher. Bodenfunde weisen bis in die jüngere Steinzeit und die Bronzezeit zurück.

Neben der St. Vituskirche mit barocker Fassade und Ausstattung und einem erhalten gebliebenen romanischen Turm aus dem 13. Jahrhundert weist die Gemeinde eine reizvolle Martinskapelle auf, deren Ursprung noch ein weiteres Jahrhundert zurückliegt.

Die Bayerische Landesanstalt für Wein- und Gartenbau hat in Veitshöchheim ebenso ihren Platz wie die Mainschiffahrt, eine Kammeroper und zahlreiche gastgebende Betriebe und Heckenwirtschaften.

Die günstige Lage des Ortes unweit der Residenzstadt Würzburg mag es gewesen sein, die die Fürstbischöfe des Hochstifts dazu bewog, hier im Jahre 1619 Land zu erwerben, von 1680 – 82 ein Schlößchen als Jagd- und Sommersitz errichten und einen repräsentativen Garten anlegen zu lassen.

1752 wurde das Sommerschlößchen durch Balthasar Neumann neu gestaltet. Elf Jahre später dann gab Fürstbischof Adam Fried-

Veitshöchheimer Schloß.

rich von Seinsheim Auftrag zur Anlage des heute so berühmten Rokokogartens mit Plastiken und Putten von Ferdinand Tietz, Johann Peter Wagner und Johann Wolfgang van der Auwera.

Der Garten ist 500 m lang und 270 m breit. Zwei parallele Hauptachsen werden von zwei Hauptwegen gekreuzt. Ein raffiniert ausgeklügeltes Netz kleinerer Wege und ein Raster hoher Hecken vermittelt mitunter das Erlebnis eines Irrgartens, der zum Versteckspielen einlädt. Überall finden sich ruhige, geschlossene Plätze, dazu ein größerer See mit dem vom Pegasus bekrönten Musenhügel Parnaß, und ein kleinerer, sowie Springbrunnen, Kaskaden, Grotten wie das „Schneckenhaus" von Materno Bossi (1772/73), Tempel und Gartenhäuschen. In den Jahren von 1971 – 81 wurde neben dem Hofgarten auch das Schlößchen gründlich überholt, gesichert und gefestigt. Von rund 330 Plastiken des Gartens konnten 244 durch Abgüsse ersetzt und wiederaufgestellt werden.

Allegorische Gruppe des Frühlings von Ferdinand Tietz, um 1765.

Pavillon im Rokokogarten Veitshöchheim.